신앙생활 가꾸기 2

Bible Study

생활 2

열심 | 충성 | 구제 | 나라사랑 | 고난
마음 | 감사 | 죽음 | 부모공경 | 의심

gtm _ 권지현 지음

글로벌틴 성경공부의 구성과 사용법

글로벌틴 성경공부는 크게 마음열기, 생각하기, 나의 이야기로 구성되어 있습니다.
이 세 가지 부분의 목적을 숙지하여 진행하시면 효과적인 성경공부에 도움이 됩니다.

'마음열기' 는 구성원들의 입이 열리게 하고, 그날의 주제에 대해 관심이 열리게 하는 데 목적이 있습니다.
우선 '먼저읽기' 지문을 읽습니다. 이것은 '마음열기' 질문에 쉽게 답할 수 있도록 준비된 것입니다. 그리고 나서 마음열기 질문에 대해 구성원들이 돌아가면서 대답을 하게 합니다. '마음열기' 는 대단히 중요한 단계입니다. 여기서 대화와 관심이 열리게 되면, 이후의 진행에서 학생들이 자발적으로 참여하는 즐거운 성경공부가 가능케 되기 때문입니다. 시간은 5분(전체 30분일 경우) 정도가 좋습니다.

생각하기

'생각하기' 는 그날의 주제에 대한 성경의 가르침이 무엇인지 배우고 확신하는 데 목적이 있습니다. 글로벌틴 주제별 시리즈에서는 전달자에 의한 편차를 최소화하고, 많은 내용을 보다 효과적으로 전달할 수 있게 하기 위해 중요한 부분만 괄호처리하고, 나머지는 다 해설과 함께 서술해 두었습니다. 그러므로 긴 부가설명이나 파생된 주제 언급 없이 최대한 교재 내용 전달에만 집중해 주시면 충분한 교육효과가 나타나게 될 것입니다. 시간은 15-20분(전체 30분일 경우) 정도가 적당합니다.

나의 이야기

'나의 이야기' 의 목적은 오늘 공부한 내용을 구성원들 개인의 상황에 구체적으로 적용시키는 데 있습니다. 그러므로 이 부분은 그날 공부에 대한 총 결산이라고 할 만큼 중요한 부분입니다. 그러므로 인도자는 구성원 한명 한명이 개인적인 적용을 할 수 있도록 격려해야 합니다. 시간은 5분 이상(전체 30분일 경우)이 적당합니다.

*글로벌틴 주제별시리즈는 개역개정판 성경을 사용하고 있습니다.

생활2

Contents

먼저읽기

성공하는 사람은 무엇엔가 열중할 줄 아는 사람입니다. 열중하는 사람은 매일 같은 일만 되풀이하는 지루한 삶에서 탈피하여 눈을 반짝이며 일에 몰입합니다. 열중하는 사람은 자기에게 있는, 아직 사용법을 모르는 숨어있는 재능을 수없이 싹트고 꽃피게 합니다. 사물에 열중할 줄 아는 사람은 자기와 접촉하는 사람을 마치 자석처럼 한없이 매혹합니다.

마틴 루터는 글을 쓰거나 기도를 하거나 무슨 일을 하든지 간에 미친 듯이 열중하라고 가르쳤습니다. 청소년기의 가장 큰 숙제 중의 하나는 이 열중하는 능력을 기르는 것입니다.

열정있는 삶

마음열기

나는 열정적입니까? 그렇지 않은 편입니까?

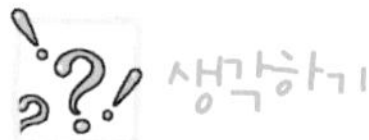

생각하기

1. 하나님의 ☐☐

1) 성경에 나타난 하나님은 어떤 분이십니까?

사 59:17 공의를 갑옷으로 삼으시며 구원을 자기의 머리에 써서 투구를 삼으시며 보복을 속옷으로 삼으시며 열심을 입어 겉옷을 삼으시고

'하나님께서 열심으로 겉옷을 삼으신다는 것' 은 열심 내기에 편한 옷, 예를 들면 운동복을 입고 계신다는 표현입니다.

2) 여호와의 열심이 어떻게 나타났습니까?

겔 39:25 그러므로 주 여호와께서 이같이 말씀하셨느니라 내가 이제 내 거룩한 이름을 위하여 열심을 내어 야곱의 사로잡힌 자를 돌아오게 하며 이스라엘 온 족속에게 사랑을 베풀지라

성경에는 "여호와의 열심이 이를 이루시리라"라는 표현이 3번이나 나옵니다(왕하 19:31; 사 9:7; 사 37:32). 하나님께서 열심을 내시지 않았다면 전적으로 타락한 우리의 구원은 완전히 불가능한 일이었을 것입니다.

3) 성전 안에서 행해지는 악들을 쫓아내시는 예수님의 모습을 보고 제자들은 어떤 말씀을 기억하게 되었습니까?

요 2:17 제자들이 성경 말씀에 주의 전을 사모하는 열심이 나를 삼키리라 한 것을 기억하더라

2. 하나님의 사람들의 열심

하나님께서 이처럼 열심이시기 때문에 하나님이 특별히 사용하신 사람들은 열심의 사람이었습니다.

1) 엘리야와 바울은 하나님과 사람들 앞에서 자신을 어떤 사람으로 소개하고 있습니까?

왕상 19:10 그가 대답하되 내가 만군의 하나님 여호와께 열심이 유별하오니 이는 이스라엘 자손이 주의 언약을 버리고 주의 제단을 헐며 칼로 주의 선지자들을 죽였음이오며 오직 나만 남았거늘 그들이 내 생명을 찾아 빼앗으려 하나이다

갈 1:14 내가 내 동족 중 여러 연갑자보다 유대교를 지나치게 믿어 내 조상의 전통에 대하여 더욱 열심이 있었으나

2) 예수님께서 특별히 사랑하신 세 제자는 누구입니까?

그들에게 있는 한 가지 공통점은 무엇인지 토론해 봅시다(막 3:17 ; 요 18:10).

3. 우리가 내어야 할 열심

하나님은 우리가 모든 일에 힘써 행할 것을 요구하십니다(출 20:9). 그러나 특별히 더 열심을 내야 할 부분은 무엇일까요?

1) 호 6:3 그러므로 우리가 여호와를 알자 힘써 여호와를 알자 그의 나타나심은 새벽 빛 같이 어김없나니 비와 같이, 땅을 적시는 늦은 비와 같이 우리에게 임하시리라 하리라

어린아이가 제일 먼저 열심을 내야 할 것은 젖을 먹는 것입니다. 마찬가지로 하나님의 자녀가 된 우리는 신령한 젖을 통해 □□□을 알아 가는 데 열심을 내야 합니다.

2) 딛 2:14 그가 우리를 대신하여 자신을 주심은 모든 불법에서 우리를 속량하시고 우리를 깨끗하게 하사 선한 일을 열심히 하는 자기 백성이 되게 하려 하심이니라

하나님이 우리를 구원하신 목적은 선한 일에 열심을 내는 백성이 되게 하시기 위함입니다. 자기 백성은 특이한 백성이란 뜻으로 구원받은 신자는 사람들의 눈에 특이하게 □□ □에 열심 내는 사람으로 나타나야 합니다(갈 2:10).

3) 벧전 4:8 무엇보다도 뜨겁게 서로 사랑할지니 사랑은 허다한 죄를 덮느니라
☐☐은 신자의 표시입니다. 무엇보다도 사랑하고 용서하고 위로하는 일에 열심을 내야 합니다.

하나님은 지금도 차지도 덥지도 않은 우리를 보시면서 말씀하십니다.
"무릇 내가 사랑하는 자를 책망하여 징계하노니 그러므로 네가 열심을 내라 회개하라" (계 3:19).

나의 이야기

■ 나는 다음의 부분에서 어떻게 열심을 낼 수 있을지 계획해 봅시다.

하나님 알기

선한 일 하기

이웃 사랑하기

정답 | ①열심 ②하나님 ③선한 일 ④사랑

우리 일에 더 열심을

한 목동이 꾀꼬리에게 노래를 불러달라고 하자 꾀꼬리가 이렇게 불평을 늘어놓았습니다.
"개울가의 개구리들이 너무 시끄러워서 노래할 기분이 나지 않아요. 저 지독한 소리가 들리지 않나요?"
이 말을 들은 목동은 이렇게 대답했습니다.
"그렇지만, 네가 가만히 있으면 저 소리가 내 귀에 더 크게 들릴 뿐이란다."

당신의 귀에 너무 많은 세상의 소리, 죄의 소음이 들린다면 당신은 부끄러워해야 합니다. 그것은 예수님의 노래를 부르며 세상 한복판을 걸어야 할 자기의 의무를 태만히 하고 있다는 증거이기 때문입니다.

한 수도원에서 예배가 한참 진행되고 있는 사이에 도둑이 물건을 훔치는 것을 본 원장은 수도승들에게 이렇게 말했다고 합니다.
"보게! 저 친구가 얼마나 자기 일에 열심인가. 우리도 우리 일에 더욱 열심을 내세. 저들의 구원을 위해 더 간절히 기도하세!"
예배는 계속되었고 도둑들은 보따리를 두고 도망쳤다고 합니다.

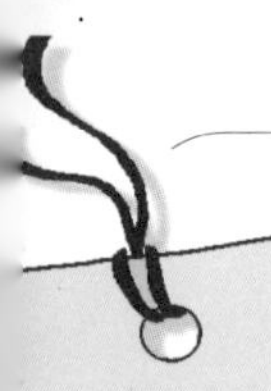

먼저읽기

테레사 수녀님은 "우리는 이 세상에서 위대한 일을 할 수 없다. 우리는 단지 자그마한 일들을 할 수 있을 뿐이다"라는 말을 했습니다. 사실 수녀님은 위대한 업적을 남겼습니다. 하지만, 그것은 그녀의 말대로 하루하루 자그마한 일들을 잘했기 때문에 이루어진 결과인 것입니다.

일이 작다고 하지 않으면 큰일도 못합니다. 아무리 웅장한 건축물이나 문학작품도 다 하나의 작은 점에서 시작하는 것입니다.

작은 일이라도 곧 시작하세요. 그리고 그 일에 최선을 다하십시오. 그래서 작은 일에 충성되다는 칭찬을 받으십시오. 그러면 모든 것은 다 된 것입니다.

충성을 자랑하는 자

마음열기

하나님이 나에게 맡겨 주신 자그마한 일들에는 무엇이 있습니까? 5가지 이상 찾아서 나누어 봅시다.

생각하기

1. ☐☐을 기뻐하시는 하나님

하나님은 충성된 자를 무엇에 비유하고 있습니까?

잠 25:13 충성된 사자는 그를 보낸 이에게 마치 추수하는 날에 얼음 냉수 같아서 능히 그 주인의 마음을 시원하게 하느니라

하나님께서 충성된 자를 얼마나 기뻐하시는지 생각해 봅시다.

그런데 충성의 뜻은 과연 무엇일까요?

당신은 '충성' 하면 제일 먼저 어떤 것이 생각납니까? 우리는 흔히 충성을 헌신에 결부시켜 생각하는 경향이 있습니다. 영어성경에서 충성에 해당하는 단어는 'faithful' 로, 그 뜻은 '성실한', '신의 있는', '약속을 지키는' 입니다. 성경에 나오는 '충성' 의 원어 뜻도 '처음과 끝이 동일한 것', '변함없이 신실한 것' 입니다.

2. 충성을 ☐☐하는 자

많은 사람이 하나님을 사랑한다고 큰 소리로 자랑합니다. 또 새해가 되면 결심들을 하나님 앞에서 다짐하기도 합니다.

하지만, 성경은 충성을 자랑하는 자, 곧 그 처음의 고백이 끝까지 동일하게 계속되는 사람을 찾아보기가 너무도 힘들다고 말하고 있습니다.

잠 20:6 많은 사람이 각기 자기의 인자함을 자랑하나니 충성된 자를 누가 만날 수 있으랴

나는 충성을 자랑할 수 있는 자입니까?

3. 충성된 자에 대한 하나님의 약속

성경이 약속하는 충성된 자의 복에는 어떤 것이 있습니까?

1) 마 25:21 그 주인이 이르되 잘하였도다 착하고 충성된 종아 네가 적은 일에 충성하였으매 내가 많은 것을 네게 맡기리니 네 주인의 즐거움에 참여할지어다 하고

시 101:6 내 눈이 이 땅의 충성된 자를 살펴 나와 함께 살게 하리니 완전한 길에 행하는 자가 나를 따르리로다

충성된 사람은 갈수록 점점 더 귀하게 사용됩니다. 그리하여 그는 하나님 곁에 거하는 좋은 일꾼으로 사용받게 됩니다.

2) 갈 6:9 우리가 선을 행하되 낙심하지 말지니 포기하지 아니하면 때가 이르매 거두리라

포기하지 않는다는 것은 지치지 않는 것, 곧 충성된 것을 의미합니다. 많은 사람이 뿌린 것을 거두지 못하고 있는 이유는 충성되지 못하기 때문입니다. 하지만, 충성된 자의 뿌린 것은(그 뿌리를 통해서라도) 반드시 수고한 것의 결실을 보게 되어있습니다.

3) 마 24:45-46 충성되고 지혜 있는 종이 되어 주인에게 그 집 사람들을 맡아 때를 따라 양식을 나눠 줄 자가 누구냐 주인이 올 때에 그 종이 이렇게 하는 것을 보면 그 종이 복이 있으리로다

주님 오실 때까지 변함없이 충성된 사람은 가장 영광스러운 재림을 맞이하게 될 것입니다.

4. 신자가 맺어야 할 □□

우리에게 또다시 하루를 맡겨 주시고 여러 가지 할 일과 직분을 맡겨 주신 것에 대해 감사 드려야 합니다. 그것은 충성의 표본 되시는 예수님께서 우리같이 불충성한 자를 충성되게 보아주신 놀라운 은총이기 때문입니다.

딤전 1:12 나를 능하게 하신 그리스도 예수 우리 주께 내가 감사함은 나를 충성되이 여겨 내게 직분을 맡기심이니

이렇게 감사한 주님께 우리가 맺어드릴 열매는 무엇일까요?

고전 4:2 그리고 맡은 자들에게 구할 것은 충성이니라

어떻게 하면 충성의 열매를 맺을 수 있습니까?

갈 5:22 오직 성령의 열매는 사랑과 희락과 화평과 오래 참음과 자비와 양선과 충성과

충성은 성령의 열매입니다. 충성의 열매를 맺기 위해 필요한 것은 성령의 충만입니다. 곧 스펀지가 물을 빨아들이듯 우리의 마음이 성령으로 충만할 때 충성의 열매는 저절로 맺혀지는 것입니다.

나의 이야기

■ 하나님께서 나에게 맡겨 주신 것들에 대해 임명장을 작성하는 시간을 가지겠습니다.

임 명 장

나 예수는 ____________ 을/를

____________________ 일에

충성되게 생각하기에

____________ 직분을 맡기노라

■ 자신의 삶에 충성의 열매를 맺도록 성령의 충만함을 구하는 시간을 가집시다.

정답 | ①충성 ②자랑 ③열매

충성을 자랑하는 자

성경에 나오는 단어들 중에, 마치 더운 타작 날의 얼음냉수 같이 하나님의 마음을 시원케 해 드리는 것이 있습니다. 그것은 '충성(faithfulness)' 입니다. 우리는 흔히 충성을 헌신에 결부시켜 생각하곤 합니다. 하지만 충성의 참뜻은 '처음과 끝이 동일한 것', '변함없이 신실한 것' 입니다.

잠언서에는 이 같은 질문을 우리에게 던져 주고 있습니다.
"많은 사람이 각기 자기의 인자함을 자랑하나니 충성된 자를 누가 만날 수 있으랴?"(잠 20:6)
참으로 많은 사람들이 이렇게 고백하며 또 소리칩니다.
"예수님, 사랑해요!"
"주님만을 평생 사랑하겠습니다!"
하지만 끝까지 이 정성으로 주님을 사랑하는 충성된 자는 무척이나 찾아보기 힘듭니다.
충성을 자랑할 수 있는 자는 과연 어디에 있습니까?

충성된 자만이 누리는 축복이 세 가지 있습니다(마 25:21; 갈 6:9; 마 24:47). 그는 갈수록 많은 달란트를 맡아 점점 더 귀하게 사용됩니다. 그는 끝까지 지치지 않았기에 자기가 수고한 것의 열매를 거두게 됩니다. 그는 변함없이 일하고 있을 때에 주인의 재림을 맞이하는 복을 누리게 됩니다.

예수님께서 이 해에도 우리에게 생명과 직분을 맡겨 주신 것에 대해 감사 드려야합니다. 충성의 표본되시는 예수님께서 그의 충성과는 비교도 안되는 우리를 사랑의 눈으로 충성되이 여겨 주셨기 때문입니다(딤전 1:12). 하나님은 맡은 자에게 감당할 수 있는 능력도 주시는 분이십니다. 맡은 자에게 찾으실 보배로운 충성으로 하나님을 기쁘시게 해드립시다.

먼저읽기

매우 적은 돈으로 생활을 하는
한 과부가 있었다. 그런데 그 부인이
세상을 떠난 뒤 우연히, 그녀가 매월
자신의 식비의 3,000배 이상 되는
돈을 선교회에 헌금하고 있었다는
사실이 밝혀졌다.
자신은 절제하는 삶으로 일관했고,
자녀들에게도 상당히 그러했지만
다른 사람을 돕는 일에는 결코 돈을
절제하지 않았던 것이다.

구제

마음열기

최근에 어려운 사람을 도와준 경험이 있으면 얘기해 봅시다.

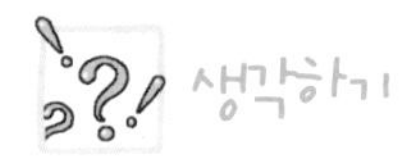

생각하기

1. 구제의 중요성

1) 구약의 가르침

신 15:10 너는 반드시 그에게 줄 것이요, 줄 때에는 아끼는 마음을 품지 말 것이니라 이로 말미암아 네 하나님 여호와께서 네가 하는 모든 일과 네 손이 닿는 모든 일에 네게 복을 주시리라

구약에는 ☐☐ 하라는 명령이 확실하게 나타나고 있습니다.

레 19:10 네 포도원의 열매를 다 따지 말며 네 포도원에 떨어진 열매도 줍지 말고 가난한 사람과 거류민을 위하여 버려두라 나는 너희의 하나님 여호와이니라

신 14:28-29 매 삼 년 끝에 그 해 소산의 십분의 일을 다 내어 네 성읍에 저축하여 너희 중에 분깃이나 기업이 없는 레위인과 네 성중에 거류하는 객과 및 고아와 과부들이 와서 먹고 배부르게 하라 그리하면 네 하나님 여호와께서 네 손으로 하는 범사에 네게 복을 주시리라

율법서에는 가난한 자를 돕기 위한 구체적인 방법까지 명시되어 있었습니다.

2) 예수님의 가르침

마 25:40 임금이 대답하여 이르시되 내가 진실로 너희에게 이르노니 너희가 여기

내 형제 중에 지극히 작은 자 하나에게 한 것이 곧 내게 한 것이니라 하시고
예수님은 주리고, 나그네 되고, 병들고, 옥에 갇힌 사람을 돌보는 것이 바로 자신에게 한 것이며, 그렇게 하지 않은 것이 자신에게 하지 않은 것이라고 말씀하고 계십니다.

3) 초대교회의 결정

갈 2:10 다만 우리에게 가난한 자들을 기억하도록 부탁하였으니 이것은 나도 본래부터 힘써 행하여 왔노라

초대교회는 □□의 핵심을 제외하고는 유대인을 대상으로 하는 교회와 이방인들을 대상으로 하는 교회의 차이점을 존중해 주었습니다. 하지만, 구제는 두 교회에서 공통적으로 강조되는 것이었습니다.

2. 구제의 방법

1) 전 11:1-2 너는 네 떡을 물 위에 던져라 여러 날 후에 도로 찾으리라 일곱에게나 여덟에게 나눠 줄지어다 무슨 재앙이 땅에 임할는지 네가 알지 못함이니라

강물에 던진다는 것은 다시 찾을 것을 기대하지 않는다는 뜻으로 대가를 바라지 않는 자세를 말합니다. '일곱에게나 여덟에게' 는 가능하면 많은 사람을 대상으로 하라는 의미입니다.

2) 눅 11:40-41 어리석은 자들아 겉을 만드신 이가 속도 만들지 아니하셨느냐 그러나 그 안에 있는 것으로 구제하라 그리하면 모든 것이 너희에게 깨끗하리라

'안에 있는 것' 이란 '진실한 마음으로' 라는 뜻입니다. 하나님은 의무감이나 체면으로 하는 것은 기뻐하지 않습니다(고후 8:12).

3) 마 6:3-4 너는 구제할 때에 오른손이 하는 것을 왼손이 모르게 하여 네 구제함을 은밀하게 하라 은밀한 중에 보시는 너의 아버지께서 갚으시리라

사람들에게 자기의 □□□을 나타내려고 구제해서는 안 됩니다.

4) 갈 6:10 그러므로 우리는 기회 있는 대로 모든 이에게 착한 일을 하되 더욱 믿음의 가정들에게 할지니라

특히 교우 중에서나 선교지 교회에 도움이 필요할 때는 반드시 동참해야 합니다.

3. 구제에 대한 약속

성경은 구제에 대한 하나님의 아름다운 약속들로 가득합니다. 다음의 성구를 한 명씩 돌아가면서 읽어봅시다.

눅 6:38 주라 그리하면 너희에게 줄 것이니 곧 후히 되어 누르고 흔들어 넘치도록 하여 너희에게 안겨 주리라 너희가 헤아리는 그 헤아림으로 너희도 헤아림을 도로 받을 것이니라

잠 11:24 흩어 구제하여도 더욱 부하게 되는 일이 있나니 과도히 아껴도 가난하게 될 뿐이니라

시 41:1 가난한 자를 보살피는 자에게 복이 있음이여 재앙의 날에 여호와께서 그를 건지시리로다

잠 19:17 가난한 자를 불쌍히 여기는 것은 여호와께 꾸어 드리는 것이니 그의 선행을 그에게 갚아 주시리라

이상의 약속들 중 특별히 자기에게 와 닿는 구절이 있다면 무엇입니까?
그 이유에 대해 나누어 봅시다.

성경은 구제에 대해 지금도 권면하고 있습니다.

신 15:11 땅에는 언제든지 가난한 자가 그치지 아니하겠으므로 내가 네게 명령하여 이르노니 너는 반드시 네 땅 안에 네 형제 중 곤란한 자와 궁핍한 자에게 네 손을 펼지니라

나의 이야기

■ 구제를 위한 구체적인 방법을 생각해 봅시다.
예) 용돈의 십분의 일 구제 항목으로 사용하기,
부수적으로 생긴 돈은 구제비로 쓰기

■ 우리 모임이 할 수 있는 구체적인 구제 활동에 대해 계획해 봅시다.

정답 | ①구제 ②복음 ③의로움

즐겨 드림의 중요성

'피난처' 의 저자 코리텐 붐 여사가 젊은 선교사들에게 '즐겨드림의 중요성' 에 대한 강의를 할 때 자주 사용하는 소품이 있습니다.

하나는 입이 넓고 하나는 입이 좁은 두 개의 병입니다.

강의를 시작하면서 여사는 입이 큰 병을 들어 모래를 쏟기 시작합니다.

모래는 금방 교탁 위로 쏟아집니다.

그러면 이번에는 입이 좁은 병을 쏟기 시작합니다. 그것은 다 비워지기까지 한참이나 걸립니다.

여사는 가늘게 쏟아져 나오는 그 병을 가르치면서 이렇게 말합니다.

"여러분, 이 병은 어떤 그리스도인들의 모습과도 같습니다. 그들은 하나님께 드리기는 하지만 재빨리 드리지도 않고 기꺼이 드리지도 않습니다. 이제 어떤 일이 일어나는지 보십시오!"

여사는 이번에는 정반대로 모래를 채우는 일을 합니다.

입이 넓은 병은 금방 차서 넘쳤습니다. 그렇지만, 입이 좁은 병은 여사가 아무리 채워 넣으려고 애를 써도 좀처럼 채워지지 않았습니다.

여러분은 어떤 그리스도인이 되기를 원하십니까?

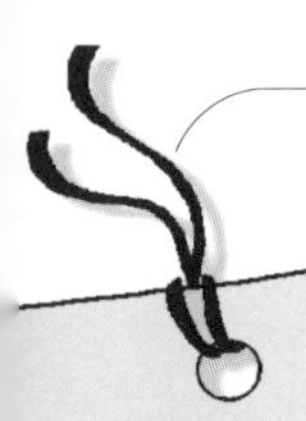

먼저읽기

어느 날 안창호 선생은 중국 상하이에 있는 동포의 집에 들렀습니다. 그런데 다음날이 그 집 아이의 생일임을 알게 된 안 선생은 귀여운 인형을 사주기로 아이에게 약속했습니다. 하지만, 안 선생의 행적을 쫓고 있던 일본 경찰에게 위치가 노출되었기에 모두 안 선생에게 멀리 몸을 피하라고 부탁했습니다. 또한, 당시 상하이는 윤봉길 의사의 폭탄투척사건으로 인해 일본경찰들이 독립운동 지도자들을 검거하기 위해 눈에 불을 켜고 있었기에 모두 안창호 선생에게 피하라고 했습니다. 그러나 안창호 선생은 다음날 아이와의 약속을 지키기 위해 선물을 사들고 그 집에 가다가 일본 경찰에게 붙잡히고 말았습니다.

도산 안창호 선생은 늘 이렇게 강조했습니다. "장난으로라도 거짓말을 하지 마십시오, 꿈에라도 거짓말을 하지 마십시오. 이 같은 작은 실천이 바로 나라 사랑이요, 빼앗긴 나라를 되찾는 방법입니다."

나라사랑

마음열기

당신은 나라를 얼마나 사랑하십니까?

당신은 안창호 선생님의 나라 사랑의 방법에 대해 어떻게 생각하십니까?

생각하기

1. 나는 ☐(韓)민족

하나님은 모든 민족에게 이름을 주신 분, 곧 우리 한민족의 조성자이십니다.

엡 3:14-15 이러므로 내가 하늘과 땅에 있는 각 족속에게 이름을 주신 아버지 앞에 무릎을 꿇고 비노니

또 모든 나라는 하나님의 것, 다시 말해 대한민국의 주인은 하나님이십니다.

시 22:28 나라는 여호와의 것이요 여호와는 모든 나라의 주재심이로다

마지막 때 나는 대한민국, 한민족의 한 사람으로 하나님 앞에 서게 될 것입니다.

시 102:22 그 때에 민족들과 나라들이 함께 모여 여호와를 섬기리로다

그러므로 내가 이 민족으로 이 나라에 태어난 것에는 틀림없이 하나님의 뜻이 담겨있습니다.

일제시절의 민족교사이며 영적 지도자였던 김교신 선생은 성경을 알면서부터 민족주의자가 되었습니다. 자신이 조선인으로 태어난 것이 우연이 아니라 하나님의 뜻이 있다는 사실과 한민족이 그때까지 존재할 수 있었던 것에는 하나님의 사랑과 계획이 있다는 사실을 깨닫게 되었기

때문입니다. 그리하여 그는 지리교사가 되어 이 땅의 풀 한 포기까지 사랑했으며, 평생을 가장 사랑하는 애인 조선에게 가장 귀한 선물 성서를 바치기 위해 사셨습니다. 내가 한민족으로 대한민국 땅에 태어났다는 사실에는 애국의 당위성이 포함되어 있습니다.

2. 기독인 애국자

성경에는 나라를 사랑했던 많은 사람이 등장하고 있습니다. 이들의 모습은 크리스천이 어떻게 나라를 사랑해야 하는지 잘 보여주고 있습니다.

1) □□을 소중히 여기는 마음

롬 9:3 나의 형제 곧 골육의 친척을 위하여 내 자신이 저주를 받아 그리스도에게서 끊어질지라도 원하는 바로라

바울 뿐 아니라 모세도 자기 백성의 죄가 용서받을 수 있다면 자신의 이름이 생명책에서 빠져도 좋다고 하며 하나님께 기도드렸습니다(출 32:31-32).
신자는 자기 민족을 자기 생명처럼 소중히 여기는 마음을 가져야 합니다.

2) 민족을 위해 □□ 하는 자세

삼상 12:23 나는 너희를 위하여 기도하기를 쉬는 죄를 여호와 앞에 결단코 범하지 아니하고 선하고 의로운 길을 너희에게 가르칠 것인즉

사무엘은 하나님의 거룩한 나라가 되어야 할 이스라엘이 세속적인 왕국으로 나가려 하자 이처럼 기도하기로 결심하고 있습니다.
사무엘의 이 기도를 통해 이스라엘은 사울 왕으로 대표되는 세속 국가에서 다윗 왕으로 대표되는 하나님의 나라로 옮겨갈 수 있게 되었습니다.

3) □□에 순종하는 것

수 23:16 만일 너희가 너희의 하나님 여호와께서 너희에게 명령하신 언약을 범하고 가서 다른 신들을 섬겨 그들에게 절하면 여호와의 진노가 너희에게 미치리니 너희에게 주신 아름다운 땅에서 너희가 속히 멸망하리라 하니라

임종을 앞둔 여호수아가 자기 민족에게 마지막으로 경고하는 것은 무엇입니까?
모세, 다윗 등 위대한 민족 지도자들이 후계자에게 남긴 유언에도 보면 말씀에 대한 순종만이 나라가 견고하게 설 수 있는 길임을 분명히 하고 있습니다.
무엇보다 우리부터 하나님의 말씀에 굳게 서서 자기가 머무는 곳마다 불의와 악을 뿌리 뽑는 것, 이것이 신자가 해야 할 나라 사랑인 것입니다.

4) 민족을 위한 □□을 달게 받음

히 11:24-25 믿음으로 모세는 장성하여 바로의 공주의 아들이라 칭함 받기를

거절하고 도리어 하나님의 백성과 함께 고난 받기를 잠시 죄악의 낙을 누리는 것보다 더 좋아하고

에스더도 민족의 생명을 구하기 위해 죽으면 죽으리라는 결단을 했습니다(에 4:16). 우리 민족의 수난 앞에서 분연히 일어섰던 김구, 조만식, 안창호 선생님, 그리고 민족을 위해 목숨을 버리셨던 안중근(가톨릭), 윤봉길, 유관순님은 모두 기독 신앙인들이었습니다.

3. 나라 사랑과 민족 이기주의

공산주의 붕괴 이후, 오늘날 세계 곳곳에서는 민족 이기주의가 크게 대두하고 있습니다. 그러나 크리스천은 편협한 민족주의에 빠져서는 안 됩니다.

행 17:26 인류의 모든 족속을 한 혈통으로 만드사 온 땅에 살게 하시고 그들의 연대를 정하시며 거주의 경계를 한정하셨으니

신자는 세상 모든 민족이 한 혈통으로 창조 받은 소중한 자들임을 인정하는 사람입니다. 그리고 신자는 자기 민족을 사랑하는 동시에, 다른 민족도 사랑하는 사람입니다. 바울은 자기 민족을 너무나도 사랑했지만 하나님께서 자기에게 맡기신 이방인의 사도 직분에 충성하는 것이 참으로 민족을 사랑하는 길임을 알았습니다.

나의 이야기

■ 요즘 우리나라나 주변 나라에서 찾아볼 수 있는 잘못된 민족주의에는 어떤 것이 있습니까?

■ 이후로 당신이 나라 사랑을 위해서 구체적으로 할 수 있는 작은 실천은 무엇입니까?

정답 | ①한 ②민족 ③기도 ④말씀 ⑤고난

정직정신

안창호 선생이 미국교포 사회의 젊은 지도자로서 LA 근교의 한인들의 생활 거점을 확보하기 위해 노력하고 있던 1904년 무렵의 일화입니다. 도산은 당시, 주로 미국 농장에서 품을 팔고 있던 교포들에게 입버릇처럼 이렇게 강조했습니다.

"미국의 과수원에서 귤 한 개를 정성껏 따는 것이 바로 나라를 위하는 것이오."

그런데 과연 그 말이 진실임을 모든 교포들이 깨닫게 되는 날이 오게 되었습니다.

하루는 한국인들이 다니는 미국 교회에서 모든 한국인들을 초대하여 만찬을 열어주었습니다. 이 자리에서 미국인 목사는 "그동안 이곳에 와서 일하는 한국인을 일 년 남짓 지켜보니 모두가 훌륭한 사람뿐인 것 같습니다. 제가 여러분의 생활 모습을 살펴보니 버는 대로 저축을 하고 다달이 본국으로 돈을 부치는 이가 많고, 그뿐 아니라 야간학교 선생님에게 물어보니 영어도 많은 진전이 있다고 하고 주일학교 선생님의 말로는 성경에 대해서는 우리보다 더 잘 안다고 합니다. 우리는 세계에서 보기 드물게 부지런하고 선량한 문화시민인 여러분을 격려하기 위해 오늘, 이 자리를 마련하게 되었습니다!"라며 칭찬을 아끼지 않았습니다.

회식이 한창 화기애애한 분위기로 익어가자 한 농장 경영자가 일어나 감사례를 했습니다.

"우리는 금년에 여러 한국 형제들 덕분에 이익을 많이 보았습니다. 가위질을 함부로 하면 귤이 상하기 쉽고, 꼭지를 길게 잘라서 팽개치면 다른 귤에 박혀서 흠집이 생기고 그곳이 썩어 큰 손해를 보게 되는데 여러 한국인 형제들께서는 그런 일이 없도록 각별히 유의해 주었기 때문에 저는 큰 이익을 보게 되었습니다. 다시 한 번 안 선생님을 비롯한 여러분께 감사 말씀드립니다."

이 모임은 나라를 잃고 이국만리에서 품팔이를 하는 우리 교포들에게 무척 고무적인 일이었습니다. 그리고 작은 일 하나까지 진실을 다하는 것이 곧 나랏일이라고 강조한 도산의 깊은 뜻을 이해하게 되었습니다.

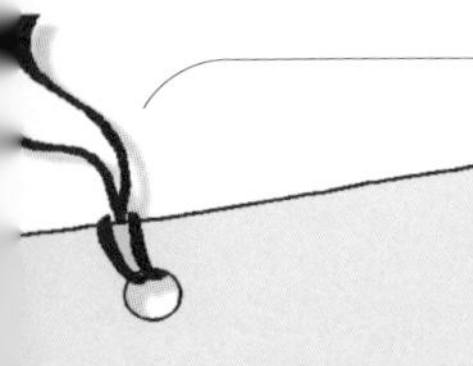

고난 가운데 있을 때 기억해야 할 것이 있습니다. 인류는 안락과 즐거움의 공동체이기보다는 시련과 고통의 공동체라는 사실입니다. 다른 말로 하면 인류 가운데는 즐겁고 안락하게 살고 있는 사람보다 고통과 시련 속에서 사는 사람이 훨씬 더 많습니다. 그러므로 내가 지금 시련을 겪는 것은 인류 공동체로부터 버림을 받는 것이 아니라 이 공동체의 보다 완전한 회원이 되는 과정이라는 사실을 인식해야 합니다. 시련을 당할 때 천애의 고아가 된 것 같겠지만 실은 그 시련을 통해 우리가 인류의 한가운데 서게 되는 것입니다.

고난

모든 사람에게는 고난이 있습니다. 현재 당신이 겪고 있는 시련은 무엇입니까? 나누어 봅시다.

1. 믿음과 고난

어떤 사람은 신앙생활을 잘하면 좋은 일만 있으리라고 생각합니다.
이것은 오해입니다. 초대교회는 믿음과 고난의 관계에 대해 어떻게 가르칩니까?

벧전 4:12 사랑하는 자들아 너희를 연단하려고 오는 불 시험을 이상한 일 당하는 것 같이 이상히 여기지 말고

그들은 사람들에게 복음을 설명할 때에도 많은 고난이 있을 것을 함께 전했습니다.

행 14:22 제자들의 마음을 굳게 하여 이 믿음에 머물러 있으라 권하고 또 우리가 하나님의 나라에 들어가려면 많은 환난을 겪어야 할 것이라 하고

또한, 초대교회는 고난을 당할 때 이런 태도를 가지라고 가르쳤습니다.

벧전 4:13 오히려 너희가 그리스도의 고난에 참여하는 것으로 즐거워하라…

약 1:2 내 형제들아 너희가 여러 가지 시험을 당하거든 온전히 기쁘게 여기라

왜 신자에게는 고난이 있으며, 이 고난 앞에서 기뻐해야 하는 이유는 무엇입니까?

2. 고난의 이유

세상 사람들은 자기의 죄와 악행으로 인해 고난을 당합니다(벧전 2:20, 4:15-16). 그러나 그리스도인에게는 이와는 달리 영광스런 고난이 있습니다.

1) 딤후 3:12 무릇 그리스도 예수 안에서 경건하게 살고자 하는 자는 박해를 받으리라

성경은 말세가 되면 사람들이 점점 더 자기를 사랑하며, 돈을 사랑하며, 교만하며, 부모를 거역하며, 거룩하지 아니하며, 절제하지 못하며, 사나우며, 선한 것을 좋아하지 아니하며, 조급하며, 쾌락을 사랑하기를 하나님 사랑하는 것보다 더하게 된다고 말합니다(딤후 3:1-4).

이런 세상 속에서 □□□의 뜻대로 사는 것은 고통스러운 일입니다.

우리는 세상에 속한 자가 아니라 예수님께 속한 자이기 때문에 세상으로부터 미움을 받는 것은 당연한 일입니다(요 15:18-19).

2) 롬 8:17 자녀이면 또한 상속자 곧 하나님의 상속자요 그리스도와 함께 한 상속자니 우리가 그와 함께 영광을 받기 위하여 고난도 함께 받아야 할 것이니라

이 세상의 □□□인 우리에게는 이 잘못된 세상을 바르게 하기 위한 고통이 있습니다. 이 같은 고난은 예수님께서 이 땅에 계시면 겪으시고 싸우셔야 할 싸움, 즉 그리스도의 남은 고난을 우리의 몸으로 지는 것입니다(골 1:24).

3) 고후 1:6 우리가 환난 당하는 것도 너희가 위로와 구원을 받게 하려는 것이요 우리가 위로를 받는 것도 너희가 위로를 받게 하려는 것이니 이 위로가 너희 속에 역사하여 우리가 받는 것 같은 고난을 너희도 견디게 하느니라

우리의 겪는 고난과 다른 성도들이 누릴 위로와 구원과 승리 사이에는 밀접한 상관관계가 있습니다. 신자는 자신만 위해 사는 사람이 아니라 다른 사람을 부요케 하는 사람입니다.

4) 살후 1:5-7 이는 하나님의 공의로운 심판의 표요 너희로 하여금 하나님의 나라에 합당한 자로 여김을 받게 하려 함이니 그 나라를 위하여 너희가 또한 고난을 받느니라 너희로 환난을 받게 하는 자들에게는 환난으로 갚으시고 환난을 받는 너희에게는 우리와 함께 안식으로 갚으시는 것이 하나님의 공의시니…

신자의 고난은 장차 행악자에게 임할 공의로운 □□의 예표가 됩니다.

3. 고난이 주는 선물

고난이 가져다주는 선물은 우리의 생각보다 훨씬 더 큽니다.

롬 8:18 생각하건대 현재의 고난은 장차 우리에게 나타날 영광과 비교 할 수 없도다

고난이 주는 선물에는 구체적으로 다음과 같은 것이 있습니다.

말씀을 가까이하게 하고 말씀을 지키게 해줍니다(시 119:67,92).
죄를 멀리하게 하고 우리의 남은 때를 주를 위해 살게 해줍니다(벧전 4:1-2).
우리의 영혼을 날마다 더 새롭게 만들어 줍니다(고후 4:16).
기도의 능력을 체험하게 해줍니다(시 50:15).
위로의 때를 누릴 것에 대한 확실한 보증이 됩니다(고후 1:7).
하나님은 우리가 겪는 잠깐의 고난으로 우리를 온전케 하며, 굳게 하며, 강하게 하며, 터를 견고케 하는데 사용하십니다(벧전 5:10).

우리가 고난당할 때 꼭 기억할 것이 있습니다.
하나님은 우리의 고난을 가장 잘 아십니다. 그리고 예수님은 고난 중에 있는 우리를 확실히 도우십니다.

시 31:7 내가 주의 인자하심을 기뻐하며 즐거워할 것은 주께서 나의 고난을 보시고 환난 중에 있는 내 영혼을 아셨으며
히 2:18 그가 시험을 받아 고난을 당하셨은즉 시험 받는 자들을 능히 도우실 수 있느니라

나의 이야기

- 당신이 가지고 있는 시련들에 대해 하나님이 아신다는 사실을 인정하고 하나님께 맡기는 시간을 가집시다.

- 지금의 고난이 자신에게 가져다줄 구체적인 선물들에 대해 믿음으로 고백하는 시간을 가집시다.

정답 | ①하나님 ②상속자 ③심판

시험은 잘 쳐야지

선천 보성여고에서 음악을 가르치시던 안이숙 선생님이 신사참배를 반대한다는 이유로 쫓기는 몸이 되어 어느 외딴 산골에서 피신생활을 하고 있을 때의 이야기입니다.

안 선생님은 매일 찬송가와 성경을 암송하고, 장기 금식을 습관화하면서 장차 닥쳐올 고난을 대비하고 있었습니다. 하지만, 앞서 잡혀간 성도들이 당한 끔찍한 고문에 대해 들을 때면 어느새 공포심으로 가슴이 내려앉는 것만 같았습니다.
그때 그녀의 어머니는 이런 말로 용기를 불어넣어 주셨다고 합니다.
"애야! 나는 학교 다닐 때 시험 보는 것이 제일 기뻤단다. 시험을 쳐보아야 내 실력이 얼마나 되는지 알 수 있으니 말이다.
하물며 우리가 마음과 뜻을 다해 믿어온 믿음을 한번 시험 쳐보는 것은 얼마나 좋은 일이겠니! 시험을 쳐보지 못한 믿음은 모든 것이 흐리멍덩하고 자신이 없는 거야.
이숙아, 이제 네 믿음의 질과 양이 나타날 때가 되었고, 또한 예수님의 말씀이 그 얼마나 참인지를 볼 때가 된 것 같다. 너 같은 청춘의 아름다운 시절을 세상 허영에 바치지 않고 주를 위해 고난을 당할 수 있다면 그 얼마나 영광스러운 일이겠니!
우리 끝까지 기쁜 마음으로 이 시험을 잘 치기 위해 준비하자꾸나."

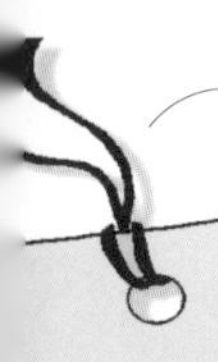

정결한 마음 가꾸기

먼저읽기

물은 높은 곳에서부터 흘러내리고 깊은 곳에서부터 솟아올라 수평선을 찾은 후에야 비로소 안정을 얻습니다. 이와 같이 우리 마음도 교만한 생각으로부터 내려오고 죄악된 생활로부터 올라와 평정에 이르러야만 안정을 찾을 수 있습니다. 성경은 우리에게 평화의 왕 예수님을 맞이할 수 있는 마음에 대해 이렇게 가르치고 있습니다. "너희는 주의 길을 준비하라 그의 오실 길을 곧게 하라 모든 골짜기가 메워지고 모든 산과 작은 산이 낮아지고…"(눅 3:4-5).

마음열기

요즘 당신의 마음은 평화롭습니까? 만약 그렇지 않다면, 당신의 마음은 지금 높은 곳(교만한 생각)과 깊은 곳(죄악된 생활)에 있지 않은지 살펴봅시다.

생각하기

1. 마음의 중요성

성경은 그 마음의 생각이 어떠한지가 곧 그 사람의 사람됨이라고 말합니다(잠 23:7).

눅 6:45 선한 사람은 마음에 쌓은 선에서 선을 내고 악한 자는 그 쌓은 악에서 악을 내나니 이는 마음에 가득한 것을 입으로 말함이니라

그러므로 마음의 중요성은 아무리 강조해도 지나치지 않습니다.

잠 4:23 모든 지킬 만한 것 중에 더욱 네 마음을 지키라 생명의 근원이 이에서 남이니라

참된 ☐☐☐는 마음을 잘 다스릴 수 있는 사람입니다.

전 10:2 지혜자의 마음은 오른쪽에 있고 우매자의 마음은 왼쪽에 있느니라

오른편은 힘 있게 쥘 수 있다는 뜻이고, 왼편은 제대로 통제할 수 없다는 뜻입니다.

참으로 마음을 다스리는 자는 용사보다 강한 자입니다(잠 16:32).

그러므로 신자는 무엇보다도 먼저 마음을 단장해야 합니다.

벧전 3:3-4 너희의 단장은 머리를 꾸미고 금을 차고 아름다운 옷을 입는 외모로 하지 말고 오직 마음에 숨은 사람을 온유하고 안정한 심령의 썩지 아니할 것으로 하라 이는 하나님 앞에 값진 것이니라

2. 영적 전쟁터 – 마음

예수님은 어떤 생각으로 우리 마음을 채우기를 원하십니까?

빌 4:8 끝으로 형제들아 무엇에든지 참되며 무엇에든지 경건하며 무엇에든지 옳으며 무엇에든지 정결하며 무엇에든지 사랑 받을 만하며 무엇에든지 칭찬 받을 만하며 무슨 덕이 있든지 무슨 기림이 있든지 이것들을 생각하라

하지만, 사단은 우리의 마음을 부패하게 하기 위해 전력을 기울이고 있습니다.

고후 11:3 뱀이 그 간계로 하와를 미혹한 것 같이 너희 마음이 그리스도를 향하는 진실함과 깨끗함에서 떠나 부패할까 두려워하노라

하나님은 우리가 우리의 마음을 예수 그리스도께 고정하기를 바라십니다.
그러나 사단은 우리 마음을 그리스도를 제외한 다른 것에 고정하도록 부추깁니다.
이와 같은 것에 마음이 빼앗길 때 우리에게서 나오는 것은 무엇입니까?

막 7:21-23 나쁜 생각은 사람의 마음에서 나오는데, 곧 음행과 도둑질과 살인과 간음과 탐욕과 악의와 사기와 방탕과 악한 시선과 모독과 교만과 어리석음이다. 이런 악한 것이 모두 속에서 나와서 사람을 더럽힌다(표준새번역)

당신의 생각은 이런 것들에 얼마나 지배를 당하고 있습니까?

3. 마음 가꾸기

만약 당신의 생각이 이런 것으로 가득 차 있다면 성경의 충고를 들어보세요.

렘 4:14 예루살렘아 네 마음의 악을 씻어 버리라 그리하면 구원을 얻으리라 네 악한 생각이 네 속에 얼마나 오래 머물겠느냐

어떻게 하면 우리의 마음과 생각을 지키고 아름답게 만들 수 있습니까?

1) □□보기

시 119:11 내가 주께 범죄하지 아니하려 하여 주의 말씀을 내 마음에 두었나이다

시 37:31 그의 마음에는 하나님의 법이 있으니 그의 걸음은 실족함이 없으리로다

하나님의 말씀은 우리의 마음과 생각을 벌거벗은 것처럼 드러내 주는 거울입니다(히 4:12-13). 우리는 말씀의 거울 앞에서 날마다 자기 마음을 단정히 해야 합니다.

2) □□하기

빌 4:6-7 아무 것도 염려하지 말고 다만 모든 일에 기도와 간구로, 너희 구할 것을 감사함으로 하나님께 아뢰라 그리하면 모든 지각에 뛰어난 하나님의 평강이 그리스도 예수 안에서 너희 마음과 생각을 지키시리라

기도는 마음을 지키는 가장 강력한 힘입니다.
우리는 날마다 이렇게 기도할 수 있습니다.

“하나님이여 내 속에 정한 마음을 창조하시고 내 안에 정직한 영을 새롭게 하소서” (시 51:10).
“하나님이여 나를 살피사 내 마음을 아시며 나를 시험하사 내 뜻을 아옵소서” (시 139:23).

3) ☐☐☐ 생각하기

히 3:1 그러므로 함께 하늘의 부르심을 받은 거룩한 형제들아 우리가 믿는 도리의 사도이시며 대제사장이신 예수를 깊이 생각하라

예수님을 생각할 때 우리의 마음은 이 세대의 본이 아니라 주님의 선하고 기뻐하고 온전하신 뜻으로 채워지게 됩니다.

지금 여러분의 더럽혀진 마음과 깨어진 마음을 가지고 하나님 앞으로 나오십시오. 하나님께서 소중히 받으시고 놀랍도록 정결한 마음으로 바꾸어 주실 것입니다.

시 51:17 하나님께서 구하시는 제사는 상한 심령이라 하나님이여 상하고 통회하는 마음을 주께서 멸시하지 아니하시리이다

나의 이야기

■ 당신의 생각 중 가장 많은 것 다섯 가지를 표시해 봅시다.

☐ 성적 ☐ TV ☐ 친구 ☐ 이성 ☐ 스포츠 ☐ 복수
☐ 비교의식 ☐ 성 ☐ 대학 ☐ 하나님 ☐ 자기 자신
☐ 성경 ☐ 기도 ☐ 게임 ☐ 인터넷 ☐ 음악

■ 이 중 당신의 생각을 하나님께 집중하지 못하도록 가장 방해하는 것은 무엇입니까? 이것을 버릴 수 있도록 기도하는 시간을 가집시다.

정답 | ①지혜자 ②거울 ③기도 ④예수님

마음을 가꾸는 농사꾼

많은 신자는 항상 뭔가 근사한 씨앗을 얻으려고 쫓아다닙니다. 그래서 주일 예배, 새벽기도, 철야기도, 금식기도도 하고 각종 부흥회와 기도원에 다녀오기도 합니다.
하지만, 번번히 구해온 씨앗이 뿌리도 못 내리고 시들고 맙니다. 그러면 그들은 밭은 안 보고 다시 씨앗만 얻으려고 동분서주합니다.
그러나 아무리 좋은 씨를 얻으면 무엇합니까? 문제는 씨앗이 아니고 밭인 데 말입니다.

신앙생활에 있어 말씀의 씨앗이 뿌려지는 밭은 우리의 마음입니다. 그런데 대부분의 신자는 마음에 대한 이해가 무척 부족합니다.
그래서 기분이 좋으면 '성령 충만' 이라든가 '은혜 받았다' 라고 하고, 화가 나면 '사단이 들어와서 그렇게 한다' 라고 단정 짓곤 합니다.
또 신앙생활에 문제가 생기면 무조건 기도하고 은혜 받으면 해결된다고 생각합니다.
하지만, 마음은 성경에서 919번이나 나올 정도로 신앙생활과 밀접한 관계가 있습니다.
신자에게 발생하는 문제들도 사실은 사랑에 굶주려 있는 마음, 버림받을까 하는 두려운 마음, 열등감과 사물을 부정적으로 보는 상한 마음 등에서 비롯되는 것입니다.

이제 우리는 무언가를 받는 것보다 자기 마음을 일구는 데 신경을 써야 합니다.
마음 밭을 옥토로 가꾼 사람에게는 말씀이 하나만 떨어져도 절로 자랍니다.
그리고 그로 인해 자신이 변화되고 주변이 변화됩니다.
하지만, 자신의 마음 밭을 가꾸는 농사를 등한히 하는 사람에게는 하나님 나라가 꾸준히 자라갈 수 없습니다.

먼저읽기

하늘을 날며 사람들을 바라보던 참새가
방울새에게 물었습니다.
"사람들은 왜 저리 걱정이 많지?"
방울새가 대답했습니다.
"글쎄…. 사람들에겐 우리같이
하나님 아버지가 안 계신가 봐."

중세의 한 시인은 이렇게 말했습니다.
"크리스천은 노래하는 사람이다.
그들에게는 종달새의 노래가 있다."

감사가 넘치는 생활

마음열기

당신은 하나님 아버지가 계신 것을 믿습니까?
당신에게는 지금 종달새의 노래가 있습니까?

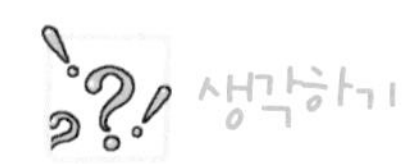

1. 신자와 감사의 관계

신자가 믿음에 굳게 설 때 나타나는 현상은 무엇입니까?

골 2:7 그 안에 뿌리를 박으며 세움을 받아 교훈을 받은 대로 믿음에 굳게 서서 감사함을 넘치게 하라

믿음에 굳게 선 자는 반드시 감사가 넘치게 되어 있습니다.

신자의 입술에서 나와야 하는 말과 나와서는 안 되는 말은 무엇입니까?

· **나와야 하는 말 :** 골 3:17 또 무엇을 하든지 말에나 일에나 다 주 예수의 이름으로 하고 그를 힘입어 하나님 아버지께 감사하라

· **나와서는 안될 말 :** 엡 5:4 누추함과 어리석은 말이나 희롱의 말이 마땅치 아니하니 오히려 감사하는 말을 하라

신자는 어떤 상황에서 감사해야 합니까?

엡 5:20 범사에 우리 주 예수 그리스도의 이름으로 항상 아버지 하나님께 감사하며

신자가 감사해야 할 상황은 '□□' 입니다. 신자가 감사하지 않아도 되는 상황은 아무것도 없습니다.

2. 바른 예배와 감사와의 관계

하나님 앞에 나아가기 위해 반드시 가져야 할 태도는 무엇입니까?

시 100:4 감사함으로 그의 문에 들어가며 찬송함으로 그의 궁정에 들어가서 그에게 감사하며 그의 이름을 송축할지어다

감사는 하나님께 나아가는 첫 관문입니다. 찬송과 송축은 하나님을 깊이 만나기 위해 반드시 필요한 것입니다.

무엇으로 드리는 예배가 하나님을 기쁘시게 하는 것입니까? (시 50:23)

시 69:30-31 내가 노래로 하나님의 이름을 찬송하며 감사함으로 하나님을 위대하시다 하리니 이것이 소 곧 뿔과 굽이 있는 황소를 드림보다 여호와를 더욱 기쁘시게 함이 될 것이라

하나님은 어떤 예물보다 마음 깊은 곳에서 우러나오는 [ ][ ]를 가장 기뻐하십니다.

하나님께 드리는 바른 기도의 자세는 무엇입니까?

요 11:41 돌을 옮겨 놓으니 예수께서 눈을 들어 우러러 보시고 이르시되 아버지여 내 말을 들으신 것을 감사하나이다

빌 4:6 아무 것도 염려하지 말고 오직 모든 일에 기도와 간구로, 너희 구할 것을 감사함으로 하나님께 아뢰라

나사로의 무덤 앞에서도 먼저 감사했던 예수님처럼 먼저 감사하고 모든 염려를 맡기고 기도하는 것이 바른 기도의 자세입니다.

3. 신자가 감사해야 할 내용

신자는 모든 것에 대해 감사해야 하지만 특별히 잊지 말고 감사해야 할 제목들은 무엇입니까?

1) 자기 자신에 대한 감사

시 139:14 내가 주께 감사하옴은 나를 지으심이 심히 기묘하심이라 주께서 하시는 일이 기이함을 내 영혼이 잘 아나이다

2) 고난의 시간에 드릴 감사

시 52:8-9 그러나 나는 하나님의 집에 있는 푸른 감람나무 같음이여 하나님의 인자하심을 영원히 의지하리로다 주께서 이를 행하셨으므로 내가 영원히 주께 감사하고 주의 이름이 선하시므로 주의 성도 앞에서 내가 주의 이름을 사모하리이다

감람나무는 어떤 환경에서도 잘 죽지 않는 나무입니다. 다윗은 사울이 자신을 돕던 제사장의 일가를 살해했을 때 자신은 하나님을 의지함으로 결코 좌절하지 않고 푸른 감람나무처럼 서게 될 것이라고 감사하고 있습니다.

3) □□을 배울 때 드릴 감사

시 119:7 내가 주의 의로운 판단을 배울 때에는 정직한 마음으로 주께 감사하리이다

시 119:62 내가 주의 의로운 규례들로 말미암아 밤중에 일어나 주께 감사하리이다

때로 하나님의 말씀은 잘못과 실패를 지적함으로 우리를 아프게 합니다. 하지만, 정직한 마음이 있는 성도는 깨달음을 주는 이 같은 고통들에 대해서도 감사하게 됩니다.

4) □□을 맡겨 주심에 대해

딤전 1:12 나를 능하게 하신 그리스도 예수 우리 주께 내가 감사함은 나를 충성되이 여겨 내게 직분을 맡기심이니

전능하신 하나님, 충성의 표본 되신 예수님께서 무능하고 충성스럽지 못한 우리를 믿고 당신의 일을 맡겨주셨다는 것은 놀라운 은총으로 아무리 감사해도 지나치지 않습니다.

우리는 하나님으로부터 말로 다할 수 없는 풍성한 선물들을 받고 사는 사람입니다(고후 9:15). 감사는 성도가 행할 마땅한 일입니다.

나의 이야기

■ 오늘 공부를 통해 새롭게 깨달은 감사의 제목이 있으면 나누어 봅시다.

■ 내 입에서 습관적으로 나오는 감사하지 못하는 말은 무엇입니까?
이 같은 말들을 버리기로 결정하는 기도를 드립시다.

정답 | ①범사 ②감사 ③말씀 ④직분

마땅히 감사를 드려야 합니다

성 프란시스의 제자인 안토니오가 리미니에 전도하러 갔을 때의 일입니다.
그곳 사람들은 하나님을 공경하지 않고 하나님의 말씀을 전하려 해도 좀처럼 들으려고도 하지 않았습니다. 그래서 그는 그 길로 강변으로 가서 물고기를 향해 소리쳤습니다.
"강물에 살고 있는 물고기 형제들이여, 이곳 사람들이 하나님의 이야기를 거절하였습니다. 그러니 여러분이라도 하나님의 말씀을 들어야 하지 않겠습니까?"
그러자 잠깐 사이에 수많은 물고기가 떼를 지어 강물 가로 나와 물 밖으로 머리를 내밀고 조용히 열을 지어 선 채 주의 깊은 눈초리로 안토니오를 바라보면서 그의 말을 기다리는 것이었습니다. 안토니오는 물고기들을 향하여 설교를 시작했습니다.
"내 형제 물고기들이여, 여러분은 모두가 창조주 하나님께 마땅히 감사를 드려야 합니다. 하나님께서는 이렇게 훌륭한 맑고 푸른 강을 삶의 터전으로 주시고 또 여러분이 마음대로 먹고 살 수 있도록 강물 안에 먹이를 가득 담아 주셨습니다. 자비로우신 하나님께서 여러분을 창조하실 때 생육하고 번성할 수 있도록 축복하셔서 여러분이 이처럼 강물에 가득하게 살게 된 것도 감사해야 합니다. 여러분 가운데는 특별한 은총을 받아서 부활하신 우리 주님의 음식이 되어드린 형제도 있습니다. 그러니 여러분은 하나님을 찬양해야 마땅치 않겠습니까!"
안토니오의 설교가 끝나자 물고기들은 일제히 입을 뻐끔거리면서 하나님을 찬양하는 몸짓을 지었습니다. 이를 보고 난 안토니오는 너무 감격하여 소리 높여 외쳤습니다.
"오 위대하신 하나님이여, 찬양을 받으소서. 물고기가 사람보다 하나님을 더 공경하고, 이성 없는 동물이 사람보다 하나님의 말씀을 더 잘 들으니 말입니다."
이 기적을 본 리미니 사람들은 앞을 다투어 달려와 안토니오 앞에 무릎을 꿇고는 하나님의 말씀을 청하였습니다.
안토니오가 하나님의 축복을 빌면서 흩어지게 하자 물고기들은 제각기 활기차게 꼬리를 흔들면서 깊은 강물 안으로 사라져 갔습니다.

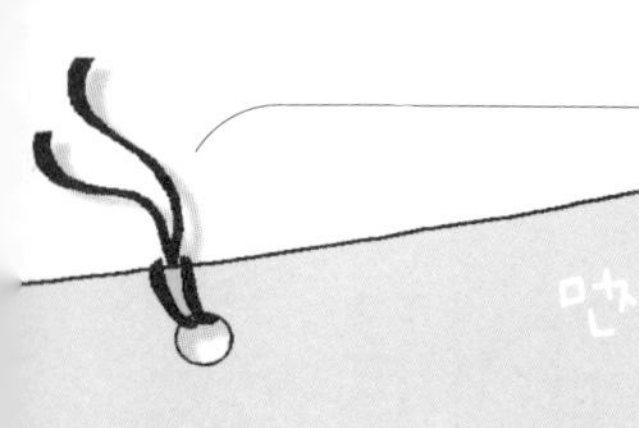

먼저읽기

천재 신앙인 파스칼은 20대에 들어서면서부터 몸을 가누지 못할 정도로 연약했습니다.
하지만, 그는 병상에서 하나님께 기도했습니다.
"저로 교만하지 않게 하기 위해 이 병을 주셨습니다. 아버지, 이 병을 선용하게 하여 주소서."
파스칼은 결국 39살이라는 젊은 나이로 이 땅에서의 삶을 마감했습니다.
그리고 그는 이런 고백을 남겼습니다.
"의로우신 아버지여, 세상은 당신을 알지 못했어도 나는 당신을 알았습니다.
기쁨! 기쁨! 기쁨! 기쁨의 눈물…"

죽음

마음열기

만약 당신이 내일 죽게 된다면 당신은 마지막으로 어떤 고백을 남기겠습니까?

생각하기

1. 운명이 아닌 결과로서의 죽음

많은 사람이 죽음을 운명의 문제로 체념하고 받아들입니다. 그런데 이 죽음은 자연적 운명이 아니라 하나님께 지은 죄의 결과로 오는 형벌입니다.

롬 5:12 그러므로 한 사람으로 말미암아 죄가 세상에 들어오고 죄로 말미암아 사망이 들어왔나니 이와 같이 모든 사람이 죄를 지었으므로 사망이 모든 사람에게 이르렀느니라

인간은 원래 완전한, 곧 영생할 수 있는 존재였으나 죄를 지어 영적 사망이 왔으므로 결국 죽어야 할 인간이 되고 만 것입니다.

하지만, 육체적인 죽음으로 모든 것이 끝나는 것은 아닙니다.

히 9:27 한 번 죽는 것은 사람에게 정해진 것이요 그 후에는 심판이 있으리니

이 때문에 사람들은 죽음을 더욱 두려워하는 것입니다.

2. 죽음의 순서

보기 중 선택하여 아래 괄호를 채워 넣으세요.

보기) 육적인 죽음 영원한 죽음 영적인 죽음

1) (   ) : 자연적인 인간은 죄로 인해 생명의 근원이신 하나님에게서 분리되었고 이 때문에 이미 영적으로 죽어있습니다. 그리하여 신령한 일에 대해 무감각할 뿐 아니라 하나님의 계명을 따라 살 수도 없는 상태에 있습니다.
2) (   ) : 범죄한 인간의 육체는 그 결과 죽을 수밖에 없습니다. 그리고 그 죽음 뒤에는 심판이 기다리고 있습니다. 이 때문에 인간은 죽음을 무서워하며 일생을 죽음에 매여 종노릇 합니다.
3) (   ) : 일생동안 영적인 사망의 상태에 있으면서 죄와 두려움 가운데 죽게 된 사람은 심판의 날에 하나님에게서 영원히 분리되는 상태에 들어가게 될 것입니다. 성경에서는 이러한 죽음의 상태를 둘째 사망이라고 부르고 있습니다(계 21:8).

3. 성도의 죽음

죄 문제를 해결 받은 성도의 죽음은 이와는 차원이 틀린 것입니다.

1) 귀중한 죽음

시 116:15 그의 경건한 자들의 죽음은 여호와께서 보시기에 귀중한 것이로다

생을 정리하는 죽음 앞에서 성도라 할지라도 더욱더 진실하고 거룩한 면모를 찾아보기란 쉽지 않습니다. 그러나 하나님 편에서 보면 성도의 죽음은 생의 끝이 아니라 더 깊고 영원한 교제의 시작이 됩니다.

2) 안식의 죽음

계 14:13 또 내가 들으니 하늘에서 음성이 나서 이르되 기록하라 지금 이후로 주 안에서 죽는 자들은 복이 있도다 하시매 성령이 이르시되 그러하다 그들이 수고를 그치고 쉬리니 이는 그들의 행한 일이 따름이라 하시더라

믿음과 믿음의 행위가 따르는 성도의 죽음은 곧 안식으로 들어감을 의미합니다. 안식이 창조의 완성을 위한 마지막 단계였던 것처럼 성화의 완성을 위한 마지막 단계이기도 합니다. 성경에 나오는 안식의 반대말은 전쟁, 죄, 고통, 외로움 등입니다.

성도의 죽음은 이 같은 것들이 없는 상태에서 완성을 이루어 가는 것입니다.

3) 소망의 죽음

고전 15:51-52 보라 내가 너희에게 비밀을 말하노니 우리가 다 잠 잘 것이 아니요 마지막 나팔에 순식간에 홀연히 다 변화되리니 나팔 소리가 나매 죽은 자들이 썩지 아니할 것으로 다시 살아나고 우리도 변화되리라

낙원에서 이 성화의 과정을 거치고 있는 성도는 육체의 마지막 부활의 순간을 기다리고 있습니다. 성도의 영혼은 이미 구원받았지만 육체는 완전한 구속에 도

달하지 못했습니다. 그래서 성도의 육체도 원치 않는 악을 행하고 점점 늙고 병들고 죽고 마는 것입니다. 하지만, 성도의 죽음은 그리스도께서 재림하실 때 다시는 죄짓지 않고 다시는 죽지 않을 완전한 몸과 결합하게 될 놀라운 소망이 있습니다.

4. 죽음을 이기는 비결

1) 죽음을 예비하는 삶

시 90:12 우리에게 우리 날 계수함을 가르치사 지혜로운 마음을 얻게 하소서

우리 인생이 짧음을 기억하고 항상 죽음의 순간을 생각하며 준비하는 사람은 결코 부끄러운 죽음을 맞이하지 않게 될 것입니다. 가장 중요한 준비는 관계입니다.
죽음을 눈앞에 앞둔 사람의 후회 중 거의 대부분은 관계에 대한 것이었습니다.

2) 주님께 바친 삶

바울은 삶과 죽음 사이에서 죽음을 통해 주와 함께 있고 싶은 마음이 더 크다고 담대하게 고백했습니다(고후 5:8; 빌 1:23). 바울이 그런 고백을 할 수 있었던 것은 그가 이런 고백으로 살았기 때문입니다.

롬 14:8 우리가 살아도 주를 위하여 살고 죽어도 주를 위하여 죽나니 그러므로 사나 죽으나 우리가 주의 것이로다

현세의 주인이 온전히 예수님인 사람은 두려움 없이 죽음을 맞이할 수 있습니다.

나의 이야기

■ 나는 기쁘게 죽음을 맞이할 수 있을 것 같습니까?
만약 그렇지 못하다면 가장 거리끼는 문제는 무엇입니까?

■ 자기 비문에 들어갈 추도문을 상상해서 한번 기록해 봅시다.

故 ______________ 성도의 비

정답 | ①영적인 죽음 ②육적인 죽음 ③영원한 죽음

존귀한 성도의 죽음

연못 바닥에 사는 애벌레들에게는 무척 큰 궁금증이 하나 있었습니다.
그것은 '연꽃 줄기를 타고 물 위로 기어 올라간 수많은 친구가 어째서 하나도 돌아오지 않는가?' 하는 것이었습니다.
얼마 후, 또 그들 중 한 애벌레가 물 위로 올라가고 싶은 강한 충동을 느끼게 되었습니다.
그래서 그는 반드시 연못 속으로 돌아와 자기에게 일어났던 일을 이야기하겠다고 굳게 약속하였습니다. 하지만, 그 애벌레는 물 위에 떠 있는 넓은 연꽃 앞에 도착하자마자 갑자기 날개를 가진 잠자리로 완전히 탈바꿈해 버렸습니다.
물 위를 날게 된 그는 친구들과의 약속을 지키기 위해 연못 속으로 여러 번 발을 담가보았지만 도저히 들어갈 수가 없었습니다.
할 수 없이 연못 위를 계속 왔다갔다하던 그는 곧 물속의 애벌레들이 자신도 그들과 똑같은 애벌레였다는 사실을 결코 알지 못할 것임을 깨닫게 되었습니다.

성도의 죽음은 이와 같은 탈바꿈이라고 할 수 있습니다. 성도는 죽음을 통해서 성화에 이르게 됩니다. 그래서 프란시스 같은 성자는
"나의 자매, 죽음이여!" 하며 죽음을 칭송하기까지 했습니다.
비록 우리가 이 세상에서 사랑하는 사람의 모습을 더 이상 볼 수 없고, 같이 대화를 나눌 수 없다 하더라도
그들이 더 이상 존재하지 않는 것처럼
낙망해서는 안 됩니다.
성도의 죽음은 하나님 앞에서 존귀한 것입니다(계 14:13).

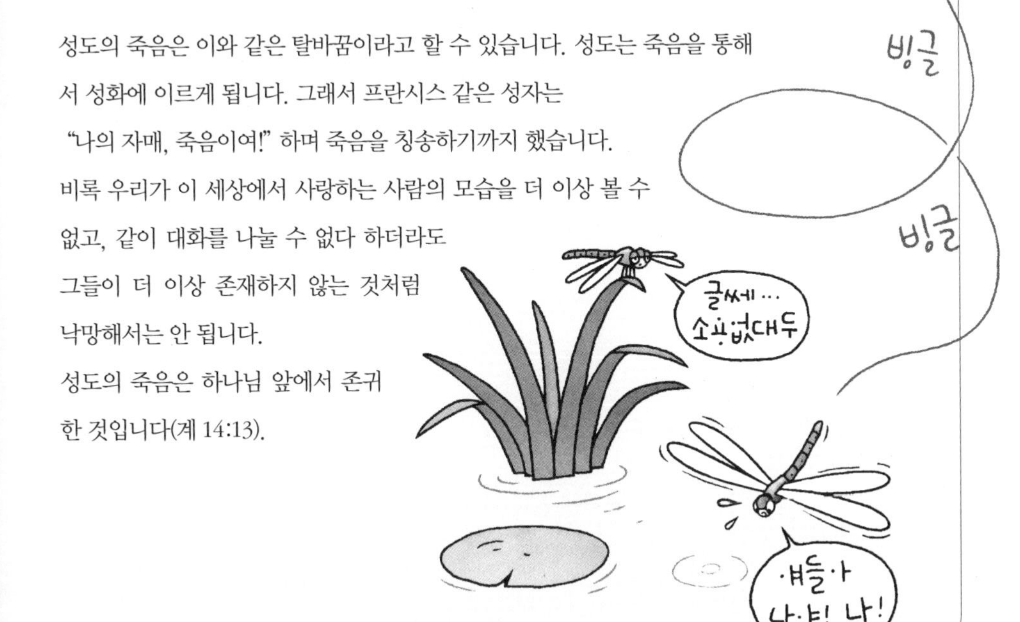

먼저읽기

십계명 중 "네 부모를 공경하라"는 제5계명은 대신관계의 계명과 대인관계 계명의 징검다리라고 할 수 있습니다. 왜냐하면, 눈에 보이는 부모를 존경하지 않고는 하늘 아버지를 존경할 수 없으며, 가장 가까운 부모를 보살피지 않으면서 이웃을 사랑한다는 것은 거짓말이기 때문입니다. 이 계명의 중요성은 '공경'이라는 단어를 통해서도 확인할 수 있습니다. '공경'이란 '가볍게 여기지 않고 무게를 둔다'라는 의미인데 이것은 오직 하나님과 부모에게만 사용된 단어입니다.

부모 공경

마음열기

나는 제5계명을 준수하고 있습니까? 나는 부모를 가볍게 여기지 않고 그분들께 무게를 두고 있습니까?

생각하기

1. 부모 공경의 중요성

당신의 부모님과의 관계는 아래의 문항에 영향을 미칩니까? 표기하고 나누어봅시다.

□ 당신의 기분과 컨디션 □ 당신의 친구관계 □ 당신의 미래의 결혼 □ 당신의 신앙생활

왜 부모님과의 관계가 이와 같은 영향을 미치는 것입니까?

1) 인간관계의 기초이므로

출 20:12 네 부모를 공경하라 그리하면 네 하나님 여호와가 네게 준 땅에서 네 생명이 길리라

부모 공경은 하나님이 주신 십계명 중 인간관계에 대한 첫 계명 즉, 모든 대인관계의 기초입니다. 부모를 공경할 줄 아는 사람만이 자기를 건강하게 가꾸고, 다른 사람들과의 관계도 아름답게 가꾸어 갈 수 있습니다.

2) 하나님께서 부여하신 권위이므로

롬 13:1 각 사람은 위에 있는 권세들에게 복종하라 권세는 하나님으로부터 나지 않

음이 없나니 모든 권세는 다 하나님께서 정하신 바라

부모님은 하나님께서 세우신 가장 중요한 권위자입니다. 그러므로 부모님을 대적하고 반항하는 것은 하나님을 슬프시게 해드리는 일이며, 반대로 부모님께 순종하는 것은 하나님을 기쁘시게 하는 것이 됩니다.
이 때문에 성경은 부모 공경에 대해 강하게 명령하고 있는 것입니다.

2. 부모와 좋은 관계 가꾸기

부모님과 좋은 관계를 가꾸기 위해서는 어떤 노력과 자세가 필요할까요?

1) 부모의 □□에 집중하지 마세요

마 7:3 어찌하여 형제의 눈 속에 있는 티는 보고 네 눈 속에 있는 들보는 깨닫지 못하느냐

사춘기는 부모의 부정적인 모습이 가장 커 보이는 시기라고 할 수 있습니다. 하지만, 하나님은 우리가 자신의 반항을 합리화하기 위해 부모님의 약점에 관심의 초점을 두기 원치 않으십니다. 하나님은 다른 사람이 아니라 가장 먼저 우리 자신의 약점부터 다루기를 원하십니다.

2) 부모님의 잘못을 □□하세요

고전 13:5 무례히 행하지 아니하며 자기의 유익을 구하지 아니하며 성내지 아니하며 악한 것을 생각하지 아니하며

부모님도 한계가 있는 인간이기에 때로 잘못을 행할 때도 있습니다. 그러나 사랑은 이와 같은 악행을 기억하지 않는 것입니다. 고통을 당하면서 분노하거나 고함지르는 대신, 참고 부모님을 용서하는 마음을 가지면 하나님께서 귀하게 여기시고 눈여겨 보십니다.

3) 부모님의 □□를 달게 받으세요.

잠 1:8-9 내 아들아 네 아비의 훈계를 들으며 네 어미의 법을 떠나지 말라 이는 네 머리의 아름다운 관이요 네 목의 금 사슬이니라

우리 부모들은 우리가 미래에 접할 상황들을 이미 많이 경험하셨고 실수를 통하여 교훈을 얻었습니다. 또한, 부모님들은 우리가 볼 수 없을지도 모르는 생애 동안 우리에게 해가 되는 약점과 거친 면을 알아볼 수 있는 능력을 가지고 계십니다. 그러므로 우리가 그분들의 훈계에 대해 잔소리로 생각하지 않고 귀를 기울인다면 많은 유익을 얻게 될 것입니다.

4) 부모님을 □□하려고 노력하세요.

빌 2:4 각각 자기 일을 돌볼뿐더러 또한 각각 다른 사람들의 일을 돌보아 나의

기쁨을 충만하게 하라

부모도 우리와 마찬가지로 여러 가지 무거운 압박감을 느끼면서 인생의 순례 여정에 함께하고 있다는 것을 잊지 말아야 합니다. 이처럼 부모님의 입장에 서서 부모님의 행동을 한번 돌아볼 수 있다면 지금까지 이해되지 않던 부모님의 행동들이 이해되고 자신의 상한 마음도 많이 풀리게 될 것입니다.

5) 부모님을 위해 ☐☐ 하세요.

부모님과 의견충돌이 있거나 부모님의 태도 중 꼭 바뀌었으면 하는 것이 있다면 공손한 자세로 구체적으로 말씀드리세요. 하지만, 그보다 제일 먼저 기도가 선행되어야 하며, 무슨 일이 있어도 언성을 높이지 않도록 주의하세요. 부모님의 마음을 바꾸는 일은 하나님이 하실 일이지 당신의 일이 아닙니다.

나의 이야기

■ 요즘 부모님께는 어떤 어려움이 있는지 부모님 입장에서 생각해 봅시다.

아버지 :

어머니 :

■ 나의 태도 중 부모님께 특별히 잘못하고 있는 것이 있다면 무엇입니까?
또 부모님의 모습 중 용서하기로 결심하는 부분은 무엇입니까?

정답 | ①약점 ②용서 ③훈계 ④이해 ⑤기도

좋은 인상을 심어주는 자녀

부모로부터 인정과 지지를 받아내기 위해서는 먼저 부모에게, 책임감이 있으며 믿음직하다는 인상을 심어주어야 합니다. 이것은 대인관계의 기본법칙이기도 합니다. 세상의 모든 어른들도 다른 사람에게 좋은 인상을 심어주어 그들의 협력을 얻어내는 것입니다. 하지만, 대부분의 십대는 공부나 또래 모임의 일들은 책임 있게 하면서도 사소해 보이는 몇몇 일들을 소홀히 함으로 부모에게 이 같은 인상을 심어주는데 실패하고 있으며, 그 결과 그들이 원하는 자유와 권한을 넘겨받지 못하고 있습니다.

작은 규칙들을 지키는 것은 부모로부터 신임을 얻어내는 좋은 방법이 됩니다. 저녁에 집에 돌아오는 시간을 잘 지키는 것은 신뢰를 얻고 좋은 평가를 받는데 효과적인 방법입니다. 제시간에 집에 돌아오지 못할 일이 있으면 꼭 전화를 걸어야 합니다. 또 벗은 양말을 세탁기에 넣는 것이나 옷을 옷걸이에 걸고 이불을 개는 일 등 일상적인 집안일들을 소홀히 하지 않는 것도 중요합니다. 또한, 부모님에게 무슨 일을 사전에 부탁하거나 상의하는 것도 좋은 인상을 심어주는 길입니다. 청소년들은 어떤 일에 도전하여 그 일을 해내는 능력을 과시하고 싶어하는 마음 때문에 순간적이고 즉흥적으로 일하기를 좋아합니다. 하지만, 세상이 험하다는 것을 많이 겪어온 부모들은 무슨 일을 할 때 대개 미리 계획을 세우고 그 계획이 예상치 않은 일로 중단되면 놀라고 난처해합니다. 그러므로 일을 하기 전에 미리 상의를 하는 것은 부모에게 신뢰를 주게 되고 또 받아들여질 확률도 커지게 해줍니다.

예절을 잘 갖추는 것도 좋은 인상을 심어주는 훌륭한 방법입니다. 부모와 다른 어른들은 청소년들이 예의를 지키면 생각보다 훨씬 더 감동하게 됩니다. 어른들은 사춘기 청소년들이 기성세대에 대해 반감이 있다는 것을 무의식적으로라도 알고 있기 때문에 그들로부터 정중한 대접을 받으면 그만큼이나 더 좋아하고 높은 점수를 주게 되는 것입니다.

부모가 작은 일, 예를 들면 제시간에 돌아오는 자녀는 성실하고 그렇지 않은 사람은 무책임하다고 생각하는 것을 우습다고 생각할지 모릅니다. 하지만, 작은 일을 책임 있게 하는 것을 보면서 다른 일도 잘하리라고 믿는 것은 모든 사람이 다 마찬가지입니다.

좋은 인상을 심어주는 자녀가 됩시다.

먼저읽기

하나님은 우리의 인정을 바라고 묘기를 보여주는 어릿광대가 아닙니다. 또한, 그분은 우리가 찾으면 언제든지 나타나야 할 램프 속의 거인도 아닙니다. 도리어 하나님은 우리를 만드신 창조주시요, 우리의 참된 주인이 되시는 분이십니다. 그분은 오늘도 하잘것 없는 무신론자의 도전이나 교만한 인간의 불신에 대해 비웃으시며, 인내하심 가운데 심판의 날이 차기까지 기다리고 계신 두려운 심판주가 되십니다. 그러나 하나님은 참 진리를 찾기 원하고, 하나님을 믿고 싶지만, 믿음이 약하여 의심하는 자들은 기꺼이 받아주십니다. 왜냐하면, 그분은 연약한 자녀에 대해 뜨거운 아버지의 긍휼의 마음이 있기 때문입니다.

의심

마음열기

요즘 신앙에 대해 의심이 생겼던 적이 있습니까? 그것은 무엇에 대한 것입니까?

생각하기

1. 의심하지 말라 – 믿기 싫어서 의심하는 사람들

세상에는 아무리 많은 증거를 보아도 믿지 않고 계속 의심하는 사람들이 있습니다. 이들은 사실 진리보다 [   ]를 더 사랑하기 때문입니다(요 3:18–19).

요 12:37–38 이렇게 많은 표적을 그들 앞에서 행하셨으나 그를 믿지 아니하니 이는 선지자 이사야의 말씀을 이루려 하심이라 이르되 주여 우리에게서 들은 바를 누가 믿었으며 주의 팔이 누구에게 나타났나이까 하였더라

하나님은 이 같은 의심에 대해서는 단호하게 금하셨습니다.

눅 4:12 예수께서 대답하여 이르시되 주 너의 하나님을 시험하지 말라 하였느니라

고전 10:9 그들 가운데 어떤 사람들이 주를 시험하다가 뱀에게 멸망하였나니 우리는 그들과 같이 시험하지 말자

2. 시험하여 보라 – 믿고 싶어서 의심하는 사람들

막 9:22–24 귀신이 그를 죽이려고 불과 물에 자주 던졌나이다 그러나 무엇을 하실 수 있거든 우리를 불쌍히 여기사 도와 주옵소서 예수께서 이르시되 할 수 있거든이 무슨

말이냐 믿는 자에게는 능히 하지 못할 일이 없느니라 하시니 곧 그 아이의 아버지가 소리를 질러 이르되 내가 믿나이다 나의 믿음 없는 것을 도와 주소서 하더라

간질병 걸린 아이의 아버지는 처음에는 어떤 의심을 하고 있었습니까?(22)
하지만, 예수님의 말씀을 듣고 곧 어떻게 고백하고 있습니까?(24)

요 20:26-28 여드레를 지나서 제자들이 다시 집 안에 있을 때에 도마도 함께 있고 문들이 닫혔는데 예수께서 오사 가운데 서서 이르시되 너희에게 평강이 있을지어다 하시고 도마에게 이르시되 네 손가락을 이리 내밀어 내 손을 보고 네 손을 내밀어 내 옆구리에 넣어 보라 그리하여 믿음 없는 자가 되지 말고 믿는 자가 되라 도마가 대답하여 이르되 나의 주님이시요 나의 하나님이시니이다

도마의 의심에 대해 예수님은 어떻게 반응하셨습니까? 그를 책망하시거나 비웃으셨습니까?(26하-27)
결국, 의심하던 도마는 어떤 고백을 드리게 됩니까?(28)

간질병 환자의 아버지나 도마는 예수님을 믿고 싶었지만 부족한 ☐☐ 때문에 의심을 품게 된 경우입니다. 믿기 위해 애쓰는 이 같은 의심에 대해서 예수님은 용납해 주실 뿐 아니라 도리어 격려해 주시기도 합니다.
엡 5:10 주를 기쁘시게 할 것이 무엇인가 시험하여 보라
고후 13:5 너희는 믿음 안에 있는가 너희 자신을 시험하고 너희 자신을 확증하라 예수 그리스도께서 너희 안에 계신 줄을 너희가 스스로 알지 못하느냐 그렇지 않으면 너희는 버림 받은 자니라

3. 의심이 생길 때

1) 약 1:5-7 너희 중에 누구든지 지혜가 부족하거든 모든 사람에게 후히 주시고 꾸짖지 아니하시는 하나님께 구하라 그리하면 주시리라 오직 믿음으로 구하고 조금도 의심하지 말라 의심하는 자는 마치 바람에 밀려 요동하는 바다 물결 같으니 이런 사람은 무엇이든지 주께 얻기를 생각하지 말라
의심이 들 때는 그 의심에 빠져서 불신으로 넘어가지 말고, 자기의 부족과 한계를 인정하고 하나님의 지혜를 간구해야 합니다. 이렇게 기도하십시오.
"하나님 아버지, 저는 이 일들 앞에서 이해할 수 없고 의심이 생기지만 이런 일들을 의심의 눈이 아니라 믿음의 눈으로 볼 수 있도록 지혜를 주십시오."

의문을 가지고 하나님께 나가면 하나님은 깨달을 수 있는 지혜를 통해 해답을 주십니다. 아무런 의문도 없다면 신앙은 진보되지 않습니다.

2) 롬 10:17 그러므로 믿음은 들음에서 나며 들음은 그리스도의 말씀으로 말미암았느니라

의심이 생길 때는 ☐☐을 가까이해야 하는 시간입니다.

하나님의 말씀이 있는 곳에 더욱 열심히 참석하십시오. 의심을 이기는 방법은 확실한 하나님의 말씀입니다.

3) 다른 사람의 의심에 대해

롬 14:1 믿음이 연약한 자를 너희가 받되 그의 의견을 비판하지 말라

유 1:22 어떤 의심하는 자들을 긍휼히 여기라

위대한 신앙의 선진들조차도 의심을 가질 수 있습니다(마 11:2–3; 삿 6:39).

그러므로 의심하는 사람을 ☐☐하지 말고 친절하게 격려하고 기도해 주어야 합니다.

나의 이야기

■ 지금 내가 가진 의심을 가지고 하나님 앞에 나가는 시간을 가집시다. 도마의 의심을 친절하게 해결해 주신 예수님은 당신의 진실한 의심을 도와주실 것입니다.

■ 의심을 깨치고 신앙이 성장할 수 있도록 말씀 읽기와 기도 시간을 늘릴 방법을 계획해 봅시다.

성경 읽기 :

기도 시간 :

정답 | ①죄 ②믿음 ③말씀 ④비판

피아노 속의 쥐 이야기

『피아노 속에만 사는 쥐가 있습니다. 아주 옛날에는 연주자가 밖에서 아름다운 곡을 연주하면, 모두 일손을 놓고 모여, 넋을 잃고 감상을 했습니다. 그러면서 "이 아름다운 소리는 우리가 본적은 없지만 분명히 누군가 있어서 연주하는 것일 거야" 하고 말들을 했습니다. 그런데 얼마 전에 바람같이 한 과학도 쥐가 출현해서는 "이 소리는 누가 있어서 나는 것이 아니라, 저 망치 같은 것이 우연히 저 쇠줄을 때리기 때문에 나는 것이다" 하는 주장을 하고 '소리의 기원' 이라는 책을 써서 쥐 사회에 큰 화젯거리가 되었고, 시간이 지나면서 확고부동한 정설로 자리를 잡게 되었습니다.
최근엔 다른 똑똑한 쥐가 나타나 "이 소리는 망치가 쇠줄을 쳐서 나는 것이 아니라, 때릴 때 생기는 파동 때문에 나는 것이다"라는 연구논문을 발표해서 노벨 물리학상을 수상하게 되었습니다. 하지만, 연주자는 그때에도 계속 피아노를 연주하고 있습니다.』

어떤 사람들은 하나님이 안 계신다고 말하면서 자기가 아주 과학적이고 지적인 것처럼 착각을 합니다. 쥐처럼 말입니다.
간단한 시계 한 개를 보면서도 "이건 틀림없이 우연히 생겼어" 하고 말하는 것이 극히 비정상적이라면, 최소한 30,000,000,000,000,000개 이상의 거대한 별들이 시간까지 지키면서 자전하고 괘도를 따라서 공전하고, 또 우주의 중심을 축으로 회전을 계속하고 있는 이 대우주를 보면서 창조주 하나님은 없다고 큰소리치는 것은 얼마나 우스운 일입니까?
하나님은 분명히 계십니다!
지금 하나님이 살아 계신다 하고 믿음으로 한번 외쳐 보십시오.
여러분이 가진 여러 문제가 더 이상 그렇게 큰 짐이 되지는 못할 것입니다.

♥ memo

♥ memo

저 | 자 | 소 | 개

권지현(kjhgtm@empal.com)

지티엠의 대표이며 다음세대교회 담임목사로 있습니다. 청소년 신앙지 「왕의 아이들」 발행인과 두란노서원 「예수나라」편집장을 역임했으며, 현재 「세계를 품는 경건의 시간 GT」의 편집인과 「주니어 GT, 주티」의 발행인으로 집필을 담당하고 있습니다. 코스타와 유스 코스타의 강사로 섬기고 있으며, 청소년 성경공부 교재 〈글로벌틴〉시리즈와 장년 성경공부교재 〈스파크 셀양육〉시리즈를 집필하고 있습니다.

신앙생활 가꾸기 2 생활2

초판 | 2001. 11. 1
개정판 발행 | 2007. 11. 12.
개정판 9쇄 | 2011. 12. 14.
지은이 | 권지현
발행처 | 지티엠
등록 | 제10-0763호
서울시 광진구 구의동 253-36 3층 GTM
영업 | 함창일 (02)453-3848 FAX 453-3836
전화 | (02)453-3818
팩스 | (02)453-3819
총판 | 기독교출판유통 (031)906-9191~4
표지디자인 | 이기흔
디자인 | GTM 디자인실
편집 | GTM 편집부
일러스트 | 이원상
인쇄처 | 예림그래픽

www.gtm.or.kr
ISBN 89-85447-55-6
ISBN 978-89-85447-55-3